AF283032

Dulce es la niña como la carne de caza

Alicia Otero

en el mar
editorial

Primera edición: junio, 2024

Primera reimpresión: septiembre, 2024

© Texto: Alicia Otero

© Diseño cubiertas: Celia López Bacete

© Ilustración cubiertas: Ismail Makran Rubio

Maquetación y diseño interior: Lara Losada

ISBN-13: 978-84-10204-04-1

Depósito legal: D.L. TO 167-2024

Impreso en Madrid, España.

A mi abuela Dorinda,

por cuidarme y enseñarme que cuidar es bello.

Una mujer escribe a la luz blanquecina de un portátil. Aunque le escuecen los ojos, escribe sin parar tratando de salvarse, de encontrar absolución. Mientras, bandadas de ciervos corren a su alrededor, dibujando un círculo. Ciervos de afiladas astas, tan tan afiladas como los huesos de la cadera de todas las chicas que no son ella y que ahora aparecen en su recuerdo para hacerle llorar. / La Abuela, aunque muerta desde hace meses, sigue presente. *La primera muerte vuelve al cuerpo de una más vivo.* Y más viejo. La Abuela la vigila. Le da paz. Sin embargo, solo el poema puede salvarla. Escribe escribe escribe. Para que alguien, no sabe quién, le diga:

te perdono, estás salvada, abandona este cuerpo que sangra y pesa,
puedes, por fin, descansar.

PARTE I

¿ACASO NO ERES YA TUBOS SONDAS PARCHES BUSCANDO EL CARIÑO EN CUERPOS SIN CARNE?

Una mujer no necesita nada en absoluto. Nada podrá reparar ni hará cicatrizar esa inmensa herida que tiene en el cuerpo, esa cicatriz que Dios le hizo con el cuchillo de la carencia.

LOUISE CHENEVIERE

Yo siempre he esperado muchísimo del placer sexual, aparte del placer en sí. El amor, la fusión, lo infinito, el deseo de escribir.

ANNIE ERNAUX

busco el mar
en el azul de una carcasa de teléfono.

PABLO BALERIOLA

I

una mujer (que no confía demasiado en ese término

para definirse) se observa en el espejo de un baño

desnuda

la luz es tan pobre que da miedo

su cara parece la de un fantasma

toda luz es dolorosa a un cuerpo desnudo

preferiría,

mil veces

cerrar los ojos

ante

un Cuerpo que no ama no desea no toca tanto como le
[gustaría

el Cuerpo espera que otro cuerpo se pose sobre él,

acoja el suyo sin esfuerzo / sin forzar el gesto,

sin embargo, siempre la impaciencia:

el Otro no sabe dónde colocar las manos

oye, vámonos a dormir

y nos metemos en la cama

debajo de las sábanas

yo espero que me toques

eso es lo que sé que debería pasar /

reescribo mil veces este poema

no querría sonar agria

me gustaría escucharte pronunciar las mismas palabras
[una y otra vez

(me gustaría volver a debajo de las sábanas

nunca haber salido de ellas)

II

Aunque tenga hambre y tenga pan

no comeré.

He de llevar el estómago vacío

la primera vez que te vea.

ANGÉLICA LIDDELL

una mujer lleva 5 horas sin comer

si come toda la belleza la elegancia se esfumarán

un hombre está demasiado ocupado leyendo todos los
[libros de la estantería de sus padres

se acumula polvo entre las páginas si no los tocas

se acumula polvo entre los pliegues del cuerpo de una
[mujer que lleva 5 horas arrodillada suplicando:

por favor que alguien me quiera con todo el peso de mi carne

un hombre demasiado ocupado olvida que la carne
[también se reseca

y cuando vuelven a encontrarse

debajo de las sábanas

ya no es posible quererse igual

EPOPEYA - scroll – poema

Dos amigas hablan sentadas en la parte delantera de una furgoneta.
Las ilumina únicamente la luz pobre de una farola. No se ven las
caras (no hace falta, se las conocen de memoria). Están tristes, quizá
cansadas. Dos amigas, hablan.

A: todavía,

mis noches son un repaso

una genealogía

de los nombres de los chicos por los que lloré en lo que
[va de mes.

X: ¿cuántas veces es posible

desencantarse,

romperse,

perder la fe?

A: ¿cuántas veces

en los sólo 10 segundos que tardo en:

-recorrer el perfil de Instagram

de un chico (1)

que me dijo: *quiero tu olor todos los días*

aquí

y la noche siguiente besó a otra chica
[*másguapamásdelgadamásmáscomoélmás* delante de mi puerta

-volver a ponerme las bragas. buscarlas palpando el suelo

(después de fingir un orgasmo para no quedarme con el
título de: *Frígida* / para no tener que explicar-de-más /

para no tener qué) en el coche de aquel chico (2) que era muy guapo, pero no soportaba ser menos listo que yo

-romperme a llorar, cuando aquel chico (3), finge que no me tiene cariño delante de sus amigos (le hace sentirse atado, dice). me aparta la mano (pienso en un videoclip de una artista a la que odio - mientras él se ríe de algo que dice Amigo 1 y Amigo 2 repara en mi mano colgando en un vacío. así:

colgando

en   un

vacío)

- buscar a la Ex de aquel chico (4) que conocí hace meses y decirme *nonononononono* ahora lo entiendo todo. tiene sentido que no me quiera. lo perdono lo absuelvo lo exculpo: porque el problema soy (yo)

X: ¿¡cuántas veces es posible!?

A: todavía y aún

mis noches son un repaso

(aunque una pila de libros de 25 metros

espera en mi mesilla

soy infiel a la literatura

porque)

todavía y aún

repaso por las noches

reúno en mi cabeza

todas las cosas que hay en mí que propician que:

todos los chicos por los que lloré en lo que va de mes
tarden en desencantarse (de mí) la misma cantidad de
segundos que tarda en aparecer, en la pantalla de Tinder:

Ya no hay más perfiles que enseñar

en un pueblo de 7 habitantes desde el que escribo esto

con la esperanza de que

algún chico piense en mí

piense de mí

que quizá

y sólo quizá

habría tenido sentido

agarrar esa mano

colgando

en   un   vacío

(antes de que Amigo 3 pensara para sí:

qué triste es esta chica

antes de que Amigo 4 cortara el silencio con algo que

solo un hombre podría decir

antes de que la sangre dejara de llegar a mis dedos

y   cosquillas

antes de que   en   un vacío   perder, yo,

de nuevo

la fe)

X: en el fondo agradezco que no lo haya hecho:

habría sido tan mediocre…

III

Open me up, tell me you like it
Fuck me to death, love me until I love myself

LANA DEL REY

una mujer (que no confía demasiado en el cuerpo

que habita / sólo puede vivir en él a través de las manos
[que lo han tocado)

¿existo

en el mundo

si nadie

me toca

existo en el mundo?

280 caracteres

hay una generación de mujeres

que escriben poemas

como tuitean

y que aman

de la misma forma que lloran

y lo tuitean

hay una generación de mujeres

cuyas estanterías rebosan

sin embargo

están cansadas

y ya no leen

ni lo tuitean

yo pertenezco ahí. mi paisaje se parece más bien a esto:

mi atención dividida entre tres pantallas

intento detenerme en el poema

pero el poema está ya marcado por esta atención dividida

por la pupila saturada de imágenes

por los cientos de sonidos que se agolpan en mí

un poema de 280 caracteres

una luz blanquecina reflejada en mi rostro

la posibilidad de resistir al poema   la posibilidad de
[detenerse ahí

pienso en esto, abro twitter

y lo tuiteo

RESACA DE ZORRA o algo así

Quiero regresar aquí, digo, y pienso en un jardín. Con los pies descalzos en un jardín de amapolas. Con los ojos cerrados: la luz naranja no resiste la piel fina de mis párpados. Desaprender todo: el cuerpo el dolor el sexo la muerte el amor. Olvidar que lloré y grité y bramé en una fiesta después de beber 5 cervezas muy rápido y todo el mundo me vio y pensó para sí *qué suerte no ser ella que suerte no ser ni un poco ella.*

Todo el mundo bailaba, movían las caderas agitaban los brazos saltaban al ritmo de mis gritos ligeramente aplacados por las paredes de plástico de un baño portátil. La gente tutuutuuutu bailando, saltando girando perreando hasta el suelo cuando mis gritos se volvían más agudos.

¡Qué buen tema, joder! ¡Qué buen ritmo esos gritos!, escuché decir a alguien.

Todos bailaban. Yo sentada dentro del baño portátil. Estaba sucio y olía mal. Sin embargo, tenía una luz bastante favorecedora. Recuerdo pensar *no podría ser más desgraciada* y luego mirarme al espejo levantarme la camiseta y hacerme una foto pensar *¿a quién se la voy a enviar?* a quién para que me diga 5 veces que mis tetas son bonitas o que mi culo es bonito después de yo haber insistido y me vuelva a recordar que existo aún con todo el dolor y el asco que eso conlleva.

Volver a mirar la foto 1 hora más tarde y pensar en alto *qué es estooo qué coño es eso*. No reconocerme y luego decir *soy yo soy yo* y al decir esto que el dolor se vuelva de nuevo insondable porque no hay nada peor en el mundo que:

ser

yo

esta

noche.

Antes de dormirme me veo como en una cinta de vídeo como si alguien llevara toda la noche filmando un plano secuencia. Yo bailando como una loca bailando como una peonza riendo como una loca besando a todos los chicos y todas las chicas de la fiesta y después gritando y llorando y gimiendo como una parturienta. Con los ojos inyectados en sangre.

¿¡Estaré guapa!? ¿¡Alguien me habrá deseado esta noche!?

Pensando mientras corro atravesando un campo a oscuras que lo único que podría salvarme es que alguno de esos chicos se compadezca o se aproveche y quiera besarme esta noche, confirmarme que todavía existo, que no me he deshecho entre bramidos en las tuberías de plástico de un baño portátil meado. ¡*Glup*! Sería rápida la muerte absorbida disuelta en el ácido de la orina de 7 borrachos metidos de cocaína.

Y antes de dormir, me veo como en una de esas películas que empiezan por el final, *¿os preguntaréis cómo he llegado hasta aquí?* Seguido de un plano de mí llorando en un baño portátil. Y me imagino: *qué-hubiera-pasado-si no.* Siempre me imagino qué hubiera pasado si *no*, y con ese deseo, con la

27

culpa tiñéndolo todo, tratando de soñar un pasado imposible, me duermo rezando algo así:

no me pinto los labios de rojo

no me bebo esa quinta cerveza

no me acerco a ese chico

no digo esas palabras

no me rompo en medio de la pista

no me encierro en un baño portátil

no le cuento mi vida a una extraña

no digo en alto que quiero morirme

nunca acaba esta noche

no pierdo de nuevo la fe

pero, despierto y el rezo no funciona. Despierto y lo sigo sintiendo. Quiero estar en un jardín, desaprender todo: amor-muerte-dolor-cuerpo-sexo. El rezo nunca funciona. No hay botón de rebobinar. Despierto de nuevo encerrada aquí.

aquí es:

yo.

una autobiografía de sí

el 2000 no era buen momento para nacer

acababa una guerra y anticipaba una crisis: las mujeres
[estaban demasiado delgadas.

a los 8 años ya rezabas para que tus muslos se volvieran
[palitos pero la Abuela te abrazaba y algo en ti
se calmaba

sienta bien el chorizo caliente después de un viaje en coche:

el estómago se abre en canal revolviéndose sobre sí

el pueblo, las gallinas

tú nunca quisiste jugar con los otros niños

la Hermana te observaba, desde arriba

a los 14 años alguien te dijo: es posible conseguir el
[cariño de los hombres si no vuelves nunca a
levantar la voz

oías a las mujeres de tu familia hablar de tu cuerpo

alguien quiso festejar la primera vez que menstruaste

a los 8 años querías ser un hombre tú ya sabías que *Mujer*
[era una carga insondable de dolor

a los 15 alguien te llamaría *puta*,

la primera vez

a los 13 un desconocido te pediría una mamada en la
[acera justo a dos calles de tu casa

la primera vez.

(...)

la abuela muere en marzo

100 años

el pueblo, las gallinas, agarras el brazo de la Madre

camináis, piensas: *en ese coche en esa caja en ese cuerpo ahora*
[*inerte está mi abuela*

nadie llora

la Hermana hace una broma que te enfada: no se bromea
[ante el féretro.

la abuela muere y nace una huérfana: ahora sí crees en la
[reencarnación

la nueva pareja de tu ex novio pesa 10 kilos menos que
[tú. se le transparentan los huesos

nunca la has visto comer nada más que tabaco

piensas que si adelgazas mucho mucho mucho quizá él se
[dé cuenta quizá por fin sienta pena por ti

quizá incluso llegue a desearte

¡anda ya! acaso tú también quieres estar rodeada de tubos,
[de sondas, ¿¿¿de parches???

ahora estás sola

buscas el deseo en la pantalla de un móvil brillante

más brillante que tu futuro

más que los ojos de todos tus amigos (estamos cansados,
[uno me dijo un día que estaba tan triste que preferiría
verse muerto)

¿acaso no eres ya tubos sondas parches buscando el
[cariño en cuerpos sin carne?

¿en ciborgs digitales que nunca van a entregarse a ti?

la abuela muere un 11 de marzo

desde entonces pienso en un cuerpo sin vida

(…)

PARTE II

¿QUÉ COSAS PUEDE HACER UN CUERPO?

Despedazad mi pobre anatomía.
Sin brazos y sin piernas mi cuerpo parecerá un cohete y vosotros
seréis las estrellas.

ANGÉLICA LIDDELL

Todos los deseos resultan igual de contradictorios que el de
alimentarse. Querer que aquel al que amo me amara a mí. Pero si
se me entrega totalmente entonces deja de existir, y yo dejo de
amarle. Mientras que si no se me entrega totalmente es que no me
ama lo suficiente. Hambre y saciedad.

SIMONE WEIL

¿Y qué sentido tendríamos nosotros si Aquel que anhelamos ya
hubiera existido?

RAINER MARIA RILKE

PLACENTA

un puñal

una navaja chiquitita

afilada, lo suficiente, para rajarme el vientre.

la sangre que brota de mi piel abierta

ha de servirte de alimento.

Breve ensayo sobre el marsupio

cuando tenías 12 años te atropelló un autobús. alguien recogió tu cuerpo redondito del camino de tierra que lleva a tu casa. te dormiste en una camilla escuchando de fondo las sirenas. atravesaste la ciudad en una ambulancia blanca con el cuerpo hecho jirones. te operaron de urgencia: te quitaron un cuadrado de piel del muslo para cosértelo en la pantorrilla, que estaba en carne viva (eso me contaste en el curso de una noche) yo a la mañana siguiente me pregunté si podrían hacer lo mismo con un cuadrado de la piel de mi muslo: cosérmela en el vientre- un sobrecito - y así hacerte un marsupio para llevarte a todos lados en mi vientre calentito.

¿quizá así me querrías?

Marsupio II

Quisiera estar dentro de ti y salir de ti para parecerme a ti

ANNIE ERNAUX

La frontera principal e inevitable que crea Eros:

la de la carne y del ser que media entre tú y yo

ANNE CARSON

soy frágil como una hebra de lino.
desnuda a la luz de un charco espero,

mi cuerpo se desgasta y se hace viejo

pasan los milenios y dejo de entender los códigos sociales

pero:
hay un deseo que permanece como la esencia

un deseo que nunca llega a saciarse;

quisiera vivir solo del deseo alimentarme de los líquidos

[que emanan de mí y en mí: no necesitar de

nadie

pero quiero descoserte el ombligo y meterme dentro de

tu vientre / o quiero llevarte en el mío

[a todos lados como un marsupial…

Marsupio III

matarte / fundirme contigo

diluirme en la culpa y morir yo.

desear que la navaja chiquitita

que ha abierto en dos mi vientre

sirva para darte sacrificio

a Ti.

un animal pequeño en lo alto de una colina

sangre grasa vísceras todo ese ungüento extraño de vida
[extraña

ya   no

PARTE III

AHORA ANIMAL RETORCIDO MONSTRUO

Deseo levantar sospechas,
que los hombres me griten en la calle,
quiero pasear por centros comerciales, parques públicos
y que madres como mi madre levanten y bajen la mirada
y luego, mientras preparan la cena para sus hijos,
les asalte brevemente el recuerdo de una raza nueva de
hombres.

ÁNGELO NESTORE

Yo soy el monstruo que os habla. El monstruo que vosotros mismos
habéis construido con vuestro discurso y vuestras prácticas clínicas.
Yo soy el monstruo que se levanta del diván y toma la palabra, no
como paciente, sino como ciudadano y como vuestro semejante
monstruoso.

PAUL B. PRECIADO

un lazo

Quero cuspir poesía / dunha forma triste / que ninguén entenda.

LUPE GÓMEZ

creo que si escribo con palabras soeces mi poesía va a
[tener más sentido

si vacío todo esto de significado

y escribo palabras que suenen bonito mi poesía va a tener
[más sentido

creo que si fuera más bella y tuviera las manos más suaves
[mi poesía tendría más sentido

creo que si alguien me tocara

como en realidad deseo

mi poesía podría tener algo de sentido

siento que la poesía no es nada distinto de mi cuerpo:

(de las partes más apestosas, también)

que puedo escribir cualquier cosa y nada sería distinto a
mí,

y sin embargo intuyo que quien lea esto

querrá escupir entre las páginas y guardar ahí su saliva

para siempre

material biológico en las páginas

de un libro:

engendrando un ser de palabras

y asco

dice Margaret Atwood que soy una mujer con un

hombre dentro mirando a una mujer

me gustan los hombres porque hacen cosas

sin pensar en que alguien los está mirando

(por eso a veces son tan asquerosos

e incluso ahí me resulta

desgarradoramente bello).

Desgarradoramente.

1.adv: Tengo envidia de los hombres.

a mí nunca me verás hacer nada

que no haya sido ensayado antes

no hay un gesto que no controle

desde mi cama desde mi espejo

ni movimiento alguno que no contemple de antemano la
[posibilidad de ser mirada.

me miras y existo: no puede ser de otro modo.

mi cuerpo ha nacido para ser visto

habito un cuerpo invisible por exceso de visibilidad

habito este oxímoron extraño de que nadie me vea y
[todos todos se paren a mirarme

(especialmente cuando llevo esa camiseta blanca con la
que se me transparentan los pezones y parece que todos
los hombres con los que me cruzo quieren alimentarse
de mí)

a mí este cuerpo me pesa mucho

mucho mucho

me visto con botas incómodas

con bolsos incómodos

me contoneo me contoneo al caminar

levanto la cabeza miro al frente

aprieto los labios,

a veces me sorprendo al ver mi cara reflejada en la
[pantalla del teléfono

ya no la reconozco sin la tensión sin el gesto forzado sin
[las cejas levantadas en actitud desafiante

la cara de felina a punto de escupir.

habito, sin soltura, este cuerpo

siempre acalambrado y contraído,

extenuado,

de llevarse a sí

y de llevar en él la carga de todo esto: Mujer.

a mí me gustan los hombres porque hacen cosas sin
[pensar que alguien los está mirando

pero en el fondo lo que siento es rabia

rabia

y lástima

por mí

porque cargo un bolso de 5 kg por todo Madrid

que no me deja contonearme a gusto.

de rabia y miel

Yo, reivindico mi derecho a ser un monstruo,

ni varón ni mujer,

ni XXY ni H2O.

Yo, monstruo de mi deseo,

carne de cada una de mis pinceladas,

lienzo azul de mi cuerpo (…)

SUSY SHOCK

quiero asustar a las personas con las que me cruzo

y eso implica cancelar mi condición humana

convertirme en una *Bestia*:

he de devenir monstruo

he de devenir monstruo si es posible devenir un cuerpo
[que ya se habita

cuerpo

asqueroso

de rabia y de pena

tengo el pecho cargado siempre de una culpa

oscura,

espesa

la culpa de haber sido infiel

de no haber podido *Amar*

Amar es también soportar

(¿¡amar es también ignorar lo que el cuerpo clama!?)

Dulce muchacha, dulce yo, mira qué buena eres; mira qué leal, mira
[qué querida.[1]

la culpa me recuerda:

guardo un monstruo dentro

vivo preñada de esta monstruosidad oscura y espesa

gorda pegajosa

he de devenir bestia,

devenir monstruo, es:

admitir el asco

hacerte cargo

---

[1] Carmen María Machado, *En la casa de los sueños*, (Anagrama, 2021), página 88.

poder, por fin, encarnarlo

asco)

pienso: no soy una potra de rabia y miel más bien lo soy
de rabia y mierda.

UNA CRIATURA VIL Y TRISTE

Te robó tus saberes, te borró la memoria de quién has sido, hizo de

vos la que no es, la que no habla, la que no posee, la que no escribe,

hizo de vos una criatura vil y triste. Te amordazó violó engañó. Con

estratagemas clausuró tu inteligencia, tejió a tu alrededor un largo

texto de derrotas que dijo necesarias para tu bienestar, para tu

naturaleza. Inventó tu historia.

MONIQUE WITTIG

todo lo que has deseado

está ahora enterrado

en un pozo.

(tienes que sumergirte para alcanzarlo,

no es suficiente con mojarte las manos)

55

metes los brazos,

hasta el codo,

en el agua turbia.

hay cadáveres de carpas

cadáveres de hojas secas

cadáveres de *Amigas* a las que ya no ves,

y los restos que escupiste de ti flotando a tu alrededor

caes

                              caes

                                                  caes

hasta el fondo

hasta el fondo

allí dónde no recuerdas

allí dónde no existe tampoco recuerdo alguno

de ti.

te dejas a merced del agua

tendida, te preguntas si algún día,

recuperarás lo que era tuyo,

o si este Cuerpo

                    pequeño frágil cuerpo grande grotesco de
                                [*Mujer* de no-*Mujer*

ha de estar para siempre enterrado aquí.

el río se ha llevado de ti hasta el hambre

y todo lo que has deseado está ahora enterrado

en un pozo.

tu cuerpo solloza en un lenguaje ininteligible

hace tiempo que solloza,

que solloza y tiembla.

te han arrancado la Lengua,

y las manos,

has quedado desterrada de la posibilidad de la Palabra

y ahora no puedes señalar a un culpable

(y ahora

no puedes

señalar

a un Culpable).

es inútil

te has quedado sola flotando en el agua

con la herida en el vientre,

en la mano, la navaja

y todo lo que has deseado

está ahora lejos muy lejos de ti

tu cuerpo balbucea en un lenguaje extraño

y el río se tiñe de rojo sangre.

Parte IV

DULCE ES LA NIÑA COMO LA
CARNE DE CAZA

tengo el pelo recogido en un lazo

I tried to eat like your girlfriend
Just tea in the night, I'd end up
Too hungry to sleep

MITSKI

tengo el pelo recogido en un lazo negro

me miro las manos

descubro en los nudos formas extrañas

formas que parecen hablarme

a *Mí.*

(las arrugas de mis dedos no son más que el rastro

del mismo gesto repetido

de agarrar coger asir

es por eso que la memoria contenida en las arrugas de mis
[dedos también habla de Ti.)

tengo el pelo recogido en un lazo

soy una niña sentada frente a un cristal

me miro el rostro y veo:

un escarabajo asustado

un pequeño animal terrestre

una carpa de colores

una hormiga negra brillante como pupilas húmedas

veo

los ojos de mi Abuela que me miran

(quisiera ser así de dulce)

veo,

en ese rostro,

los labios de todos los amantes que alguna vez me
[escupieron en el pecho

antes de despedirse de mí.

me pregunto

qué ven ellos aquí,

cuando miran este rostro

¿les suscita algo más que hambre?

¿quizá ternura

quizá ganas

de quedarse cerca?

¿quizá el deseo

incontenible

de agarrarme de las manos

de llevarme a pasear?

intuyo que la respuesta a esa pregunta ya está escrita:

en mi cuerpo siempre solo

en esta cama

tan suave y azul,

en mi cuerpo

temblando y sudando solo

en esta cama tan oscura.

las arrugas de mis nudillos guardan memoria del mismo
[gesto repetido

las arrugas de mis sábanas:

¿qué respuestas guardan sobre mí?

hace tiempo que sospecho:

sólo podría amar de la misma forma

(¿in Carne? ¿sin Manos?)

la misma, qué rabia

ya no sé si cabe otra para mí,

que sólo van a quererme cuando tenga la cara limpia
[enteramente limpia

y blanca

por eso me quedo mirando las sábanas azules durante horas

las arrugas (parecen olas de mar) e imagino que me mezo ahí:

en la sal de una cama

siempre sola

y siempre   duele.

estoy más obsesionada que nunca con la delgadez

con una delgadez que casi haga a mi cuerpo desaparecer

las muñecas,

la piel muy blanca y muy limpia

he regresado a la feminidad más hostil y atroz: la que
[exige aparentar que no hay ningún esfuerzo

tengo el pelo recogido en un lazo

odio, más que nunca, ser eso llamado *Mujer*.

ante la foto de una niña que tiene mi misma mirada

Digo: *si yo tuviera a esta niña delante la abrazaría, la cogería de las manos, no dejaría que nadie la rompiese.* Pero la he tenido delante mil veces y la he lanzado a los leones.

Juro que quiero quererla con el pecho abierto, como un pájaro / Aún rezo para que el Mundo guarde para ti algo gigante y hermoso.

Poder

1. **verbo***: si no tienes con qué vestirte o necesitas verte más guapo

mira qué puedo hacer con mi cuerpo:

puedo arrancarme

el hueso de la cadera

ponerte, con él,

una corona en la frente.

Poder II

1. **sustantivo:** deshacerse el Cuerpo para embellecer al Otro.

el hueso de mi cadera

sobre tu frente

metafórica

y literal

como señal suprema

de tu poder sobre mí.

una Cierva

una cierva me mira,

desde el espejo.

tiene las muñecas finas

y la mirada extenuada

de mirarse a sí.

una cierva me mira,

desde el espejo

sobresalen los huesos desde su frente

la materia ósea de su cráneo forma la corona que juraste
[nunca darme.

la carne es dulce y el mirar amargo:

siempre duele más de la cuenta.

esta cierva

frente al espejo

cruza nocturnas carreteras a toda velocidad

los faros le deslumbran

se posan en sus ojos de Cierva devolviendo sagrada luz

[de sangre

sorteando coches

evitando el daño

aunque alguna vez,

más de uno,

la ha golpeado al cruzar

y ha tenido que ver su cuerpo de cierva rodar por el arcén.

aún con todo

la corona que juraste nunca darme,

sigue intacta

sobre mi frente.

aunque alguna vez,

más de uno,

ha tratado de arrancármela

y he tenido que ver sus cuerpos lanzados sobre el arcén
[con rabia:

(tengo la fuerza sobrenatural de un lince cuando se trata de
[protegerme de Ti.

por lo demás,

una cierva…)

una cierva espera el disparo espera el golpe

espera que hagan de su carne dulce un guiso

que alimente a una familia

de 7 niños

y 7 gatos,

y se coronen 7 tiaras de blanco marfil

con los huesos opulentos de su cráneo.

yo he probado la carne, de esa cierva,

yo la he visto rodar sobre el arcén

yo misma le he arrancado

las astas de la frente

y me he hecho un cuenco del que beber

todo eso haría por ti,

esta cierva,

(…)

desde el espejo

Una corona sobre la frente

un *examante* es un miembro fantasma:

sufro desnutrición de algo inaudible.

noto la falta de ti en cada una de mis extremidades

(había un cuerpo acoplado al mío y ahora reposa solo).

como una cierva joven a la que arrancaron los cuernos para
[hacer con ellos una corona de marfil,

de la misma forma

todos los huecos de mi cuerpo

se cierran sobre sí

para no sentirse solos.

primero segundo postre

Hoy estuve en tu casa; comí: primero, segundo, postre. Y de sobremesa metiste tus dedos en mi boca. Relamí entre los dedos manchados de salsa manchados de haber comido con las manos de haber hundido los brazos enteros en el plato o de habernos mirado demasiado rato mientras masticábamos la carne blanda. Salí de tu casa y me sentí levitar

no

pesaba

nada.

(yo siempre sostengo mi vientre con las manos

para contenerlo, para que deje de crecer en cada respiración: me obsesiono con lo que me atraviesa el esófago y se posa ahí justo debajo del ombligo

preñándome del *Asco*)

yo salí de tu casa con los brazos colgando a cada lado del vestido. ni siquiera comprobé en el ascensor el estado de mi vientre (como hago cada mañana: colocándome de lado frente al espejo), ni siquiera hice amago de dejar de respirar

de succionar mi propio estómago

al pasar caminando delante de esos hombres de la esquina de tu calle.

hoy estuve en tu casa y ahora siento que el amor engorda. esta mañana estuve en tu casa y ahora quiero desayunar 8 onzas de chocolate cada mañana de este mes tan extraño en el que me siento levitar por las calles aun cuando mi estómago guarda más peso que nunca.

un té sin pastas, para mí: sobrevivir, toda la jornada, con solo ese líquido verde amargo en el cuerpo del que finjo que me gusta el sabor cada vez que doy un trago.

pero

tú, que tienes el vientre hinchado y me miras con cariño dices:

primero

segundo

y postre

y yo, que tengo el vientre dolorido acalambrado de apretarlo de sostenerlo con las manos de tratar de juntar mi ombligo con la línea ósea de mi espalda, no puedo decirte: *No* (porque tú tienes el vientre hinchado, y me miras con cariño, y ahora sé que el amor engorda ensancha ¡abraza!)

cada vez que el *Hambre* piense por mí y cada vez que me vengan a la mente los huesos de la cadera de otras chicas emergiendo de entre la piel como afilados cráneos de ciervos, y cada vez que recuerde a aquel exnovio que no sabía sostener mi peso tú me mirarás

y dirás:

primero

segundo

y postre

y yo sabré que el amor engorda y que este cuerpo merece ocupar toda la calle y merece ocupar todo este mes y todos los días del mes más largo del año y yo sabré que me llenaría los bolsillos de piedras pesadas y dejaría de parecerme a la *Mujer* a la que siempre he sabido que he de parecerme y dejaré, incluso, de encarnar esa palabra tan rara,

Mujer

y podré, por fin, encarnar otras:

helado

chocolate

té,

con pastas.

mi identidad se volverá una tarta,

un guiso con grasa en el fondo

aprenderé a encontrar goce también en la carne (goce disfrute deseo belleza) y aprenderé a encontrar goce también en la fealdad y en la rabia y aprenderé que, aunque este cuerpo

pesa apesta y duele habrá una sobremesa que le espere con
los dedos llenos de grasa dispuestos a meterlos en mi boca
dispuestos a dejarse morder

(…)

esta mañana estuve en tu casa (…)

Una mujer escribe a la luz blanquecina de un portátil. El flash luminoso de la pantalla le ha secado los ojos, la piel, las mucosas cerebrales y, vaciados todos sus líquidos, el cuerpo yace arrugado sobre las sábanas. Como las sábanas de la cama deshecha, el cuerpo se retuerce en sinuosas formas, haciendo el dibujo de las olas del mar. Nada puede anular su peso, su caída pero, de algún modo, la Palabra lo salva: lo vuelve leve. Escribe escribe escribe. Y el cuerpo, uno con la cama, con las olas, con los ciervos sin astas, deja de doler, deja de sangrar. Quizás en medio de una cama azul, cuando la pantalla se apague, pueda, por fin, descansar.

Agradecimientos

Aunque sea un cliché (y quizá un poco cobarde), me gusta pensar que este poemario no es sólo mío, que es también de las personas que me rodean, cuyo cariño me mantiene y cuyas vidas me inspiran. Por este libro quiero agradecer, en primer lugar, a mi familia; por apoyarme siempre. En especial, a mis padres por sostenerme y dejar que me tropiece. Gracias, también, por cultivar mi curiosidad y no dejar que se agote. A mi hermana Marta, que es también mi amiga; agradezco estar cerca de ti. A mis amigos, mis amores, que me acompañáis con ternura, que leísteis esto cuando eran tres poemas sueltos en un documento de word; cerca de vosotres el miedo a caer se hace pequeño. A la niña rara que fui y que escribía poemitas en un dominio de *blogspot*, por no desistir. A mi amiga Carmen, que los escribía conmigo. Y por último, a mi editora Lara, por confiar en esto y hacer del proceso un camino bello.